Kreatives Gestalten mit Servietten

von M. Becker & B. Siech

Impressum:

ISBN: 3934757-15-4 Best.-Nr.: 57154

Fotos: Susanna Héraucourt-Multer, Bonn
Grafik/Zeichnungen: Daria Broda
Lithos/Layout/Satz: Marion Haustein, Dormagen
Druck: Neusser Druckerei und Verlag GmbH

Auflage: 8. 7. 6. 5. 4. 3. 2. Rechte Zahl ist maßgebend
Jahr: 2004 2003 2002 2001 2000

Vorwort

Wollten Sie nicht schon lange in Ihrer Wohnung etwas verändern, eine neue Tischdekoration herstellen oder Geschenke anfertigen? Wir zeigen Ihnen, wie Sie ohne große Geldausgaben, neue Akzente setzen können. Servietten – das Besondere daran ist, dass Sie mit wenig Aufwand eine sehr große Wirkung erzielen können. Dies gilt für „kleine" und „große" Bastler. Mit der in diesem Buch beschriebenen Serviettentechnik ist es möglich, alte oder neue Gegenstände so kreativ zu gestalten, dass daraus kleine Kunstwerke entstehen. Sie sehen aus wie handgemalt.

Wie einfach und effektvoll es geht, zeigen wir Ihnen auf den nächsten Seiten. Wir wünschen Ihnen einen durchschlagenden Erfolg bei der Herstellung oder dem Verschenken Ihrer Unikate.

M. Becker B. Siech

Benötigtes Material & Werkzeug

**Servietten,
Farben auf Acrylbasis,
Kleber: Mod Podge - glanz oder matt,
Patio Paint - farblos,
Kerzenlack, Krakelierlack,
Klarlack, Schere,
Pinsel oder Malschwamm
evtl. Backpapier und
ein Bügeleisen**

Tipp:

Wenn es schneller gehen soll, können Sie mit einem Fön den Trockenvorgang beschleunigen.

So wird's gemacht:

Zuerst streichen oder betupfen Sie Ihr Objekt - egal ob Pappe, Holz, Glas, Metall, Terrakotta, Porzellan, Styropor oder Kunststoff - mit einer hellen Acrylfarbe und dann lassen Sie diese trocknen. Die helle Grundierung ist sehr wichtig, da sie durch die transparente Papierschicht scheint.

Es gibt verschiedene Möglichkeiten die Servietten anzubringen.

1. Aufbügeln

Besonders geeignet für alle großen und glatten Oberflächen. Die zu dekorierende Stelle wird mit Mod Podge eingeleimt. Den Leim trocknen lassen oder trocken fönen. Von der ausgeschnittenen oder gerissenen Serviette wird nur die oberste, bedruckte Schicht verwendet, auf die geleimte Fläche gelegt, mit Backpapier abgedeckt und mit dem Bügeleisen (Einstellung Baumwolle) fixiert. Das Papier leicht abkühlen lassen und vorsichtig abziehen. Der Kleber ist durch die Hitze geschmolzen und hat somit die Serviette auf den Untergrund gezogen.

Vorteil dieser Technik: Die Serviette kann verschoben werden solange noch nicht gebügelt wurde. Das Motiv wird vollkommen glatt, wirft keine Blasen und reißt nicht ein.

2. Befestigen per Hand

Für kleine und rauhe Oberflächen, Kunststoff und Styropor, die man nicht bügeln kann. Den Untergrund mit Patio Paint farblos bestreichen und leicht antrocknen lassen. Die Abbildung auf die gewünschte Stelle legen, vorsichtig mit der Hand andrücken und glattstreichen.

Nun werden die geklebten Servietten nochmals vorsichtig mit dem Pinsel und einer dünnen Lage Kleber (Patio Paint) bestrichen. Von der Motivmitte nach außen arbeiten und anschließend trocknen lassen. Wenn Sie möchten, können Sie nun Ihr Objekt mit einer Kontrastfarbe, passend zur Serviette, betupfen (Schwammtechnik). Bei durchsichtigen Gegenständen (Glasteller, Mobilefolie, Ostereier und Kugelherz) können Sie auch in umgekehrter Reihenfolge arbeiten, d.h. erst den Kleber (Patio Paint) auftragen, dann die Serviette mit dem Motiv nach unten auflegen, festdrücken, nochmals mit Kleber (Patio Paint) bestreichen. Jetzt erst mit Acrylfarbe abdecken.

Kerzen: Helle Kerzen brauchen nicht mit Farbe, sondern nur mit Kerzenlack bestrichen werden. In diesem Fall dient der Lack als Kleber.

Glitter: Möchten Sie Glitter einstreuen, dann tun Sie dies nach dem zweiten Auftrag in den noch feuchten Kleber (Patio Paint farblos oder Mod Podge).

Krakelieren: Für einen krakelierten Hintergrund benötigen Sie als erstes eine dunkle Acrylfarbe. Diese lassen Sie trocknen, danach tragen Sie gleichmäßig den Krakelierlack auf, Trockenzeit ca. 30-60 Min. Jetzt kommt eine zweite, helle Acrylfarbe zum Einsatz, damit bestreichen Sie nochmals Ihren Gegenstand. Der Krakelierlack bewirkt ein Reißen der zweiten Farbschicht und macht den ersten Anstrich teilweise wieder sichtbar. So erzielen Sie einen antiken Effekt.

Schwammtechnik

Wie der Name schon sagt, tupfen Sie bei dieser Technik mit dem Malschwamm. Geben Sie etwas Farbe auf einen alten Teller oder Alufolie (Grund- und Kontrastfarbe nebeneinander). Jetzt tauchen Sie Ihren Schwamm leicht in beide Farbkleckse. Damit diese Tupfen nicht zu dick aufgetragen werden, testen Sie dies zuerst auf Ihrer alten Unterlage. Sollte es dennoch einmal passieren, können Sie immer mit der Grundfarbe nacharbeiten und von vorne beginnen. Sie erreichen durch die Schwammtechnik eine noch bessere Integrität Ihrer Serviette.

Obstserie

Servietten:
Obstmotiv

Deko-Objekte:
Kerze - 15 cm, hellbeige,
Tontöpfe

Farben:
elfenbein und artischocke

Kleber:
Mod Podge,
Kerzenlack

Sonstiges:
Krakelierlack

Die Servietten wurden bei allen Teilen dieser Seite gerissen. Der kleine Ton topf ist krakeliert, und bei dem größeren wurde mit der Schwammtechnik gearbeitet, wie auf Seite 5 beschrieben.

Kräuterserie

Servietten:
Kräutermotive

Deko-Objekte:
Tontöpfe,
Glasflaschen

Farben:
elfenbein und avokado

Kleber:
Patio Paint - farblos

Sonstiges:
Klarlack

Alle Servietten wurden gerissen und auf die elfenbeinfarben grundierten Objekte geklebt, zum Schluß mit der Farbe Avokado betupft.

Mit der Kräuterserie können Sie in Ihrer Küche besondere Akzente setzen. Die Glasflaschen eignen sich zum Einfüllen von Essig und Öl, in die Terrakottatöpfe können Sie Ihre frischen Kräuter einpflanzen.

Osterserie

Servietten:
verschiedene Ostermotive

Deko-Objekte:
Holzkiste,
Metallteller,
Styroporei - 15 cm zum Öffnen,
Kunststoffherzen - 10 und 8 cm zum Öffnen,
Kunststoffeier - 14 und 10 cm zum Öffnen

Farben:
elfenbein, goldgelb und grün

Kleber :
Patio Paint

Sonstiges:
Glitter: hellgrün,
passendes Band für die Schleifen

Die zu öffnenden Kunststoffteile wurden in umgekehrter Reihenfolge gearbeitet und mit Glitter bestreut, siehe Anleitung.

Zu Ostern darf auf keinen Fall die passende Dekoration fehlen. Schmücken Sie Ihr Fenster oder Ihren Osterstrauß mit selbstgestalteten Eiern oder Herzen. Kleine Überraschungen können Sie im Styroporei, der kleinen Holzkiste oder dem Metallteller verbergen.

Möchten Sie stilvoll Ihren Tisch decken?

Hierfür sind unsere Efeuranken bestens geeignet. Mit dieser Dekoration möchten wir Ihnen zeigen, wie Sie preiswert und mit wenig Aufwand ein festliches Ambiente schaffen.

Efeuserie

Servietten: verschiedene Efeuranken

Deko-Objekte:
Spandose - oval, 25 x 16 cm ,
Kerze - weiß, Kerzenteller,
Mobilefolie,
Styroporkranz, 25 cm,
Glasteller,
Kugeltopf - weiß

Kleber: Mod Podge, Kerzenlack

Sonstiges: Klarlack, Band und Blüten

Der Glasteller wird in umgekehrter Reihenfolge gearbeitet und zum Schluss von unten mit Klarlack überstrichen, damit Sie diesen abspülen können. Ebenso die aus Mobilefolie hergestellten Tischsets und Streuteile (Serviette aus Japanpapier). Die Folie können Sie nach Belieben mit der Schere ausschneiden. Alle anderen Teile wurden in gewohnter Technik bearbeitet, mit weißer Farbe grundiert und grün getupft.

Maiglöckchen

Servietten:
Maiglöckchen

Deko-Objekte:
Terrakottateller ,
Tontopf - 17 cm,
Styroporei - 12 cm,
Plastikei - 8 cm,
Glasflasche

Farbe:
weiß, grün und gold

Kleber:
Patio Paint - farblos

Sonstiges:
Krakelierlack, Schleifenband 4 cm,
Holzstab - 8 mm

Teller, Topf, Flasche und Styroporei wurden in gewohnter Reihenfolge gearbeitet. Mit weiß grundiert und grün betupft. Nach Fertigstellung wurde in das Styroporei ein weißgestrichener Holzstab eingeklebt und mit einer Schleife versehen. Das Plastikei wurde zuerst mit Goldfarbe bestrichen, anschließend mit Krakelierlack überzogen (siehe Anleitung). Alle Motive wurden mit der Schere ausgeschnitten.

Der Mai ist gekommen und schon finden Sie in Wald und Garten bezaubernde Maiglöckchen, die mit ihrem Aussehen und Duft viele Menschen erfreuen.

Landleben

Servietten:
Landschaft und Orangenblüten

Deko-Objekte:
Blumentopf,
Schlüsselkasten,
Malpappe 24 x 30 cm,
Flasche

Farbe:
beige und grün

Kleber:
Mod Podge

Sonstiges:
Klarlack

Der Malkarton ist nur mit Mod Podge überstrichen und mit einer ganzen Serviette (obere Schicht) überzogen und nochmals mit Mod Podge behandelt worden. Bei Blumentopf, Flasche und Schlüsselkasten wurde noch mit Farbe beigemalt. Anschließend mit Klarlack überzogen.

Wer es etwas Rustikaler liebt,
fühlt sich sicher von diesen Motiven angesprochen.

Igelfamilie

Servietten:
verschiedene Igelmotive

Deko-Objekte:
Tontopf ,
Bilderrahmen,
Kunststoffdose,
Milchkanne

Farbe:
elfenbein, braun und taubenblau

Kleber:
Mod Podge

Sonstiges:
Seidenmattlack

Für die Milchkanne benötigen Sie zwei Servietten, die aufgebügelt werden. Bei den anderen Teilen der Serie wurden die Servietten gerissen. Alles wurde elfenbeinfarben grundiert und mit der Schwammtechnik braun oder blau betupft. Unser letzter Schritt war das Bestreichen mit Seidenmattlack.

Diese in nostalgischem Stil gedruckten Servietten passen sehr gut in alle Räume. Durch ihre warmen Brauntöne vermitteln sie eine gemütliche Atmosphäre.

Kid´s world

Servietten:
Kindermotiv

Deko-Objekte:
Stuhl und Schmuckschatulle,
Zeitschriftensammler,
Topf und Türschild,
Spiegel

Farbe:
weiß und goldgelb

Kleber:
Mod Podge

Sonstiges:
Seidenmattlack

Alle Dinge dieser Serie wurden weiß vorgestrichen und mit gelber Farbe abgetönt, die Servietten wurden gerissen und aufgebügelt.

Die Serviettentechnik sollte in keinem Kinderzimmer fehlen. Man kann sie lustig und bunt gestalten. Die Kiddys können dabei behilflich sein oder selbst ihr Reich verschönern.

Freunde
Freunde
Freunde
Freunde
Paloma & Ulises Wensell
Valentin
Freund
Tom + Lisa
und Jonas feiern
Geburtstag.

Delphine

Servietten:
Delphine, Fische und Boot

Deko-Objekte:
Ordner,
Tontopf,
Rahmen,
Spanschachtel - oval,
Kunststoffkugel - 14 cm

Farbe:
weiß und taubenblau

Kleber:
Patio Paint

Sonstiges:
Krakelierlack, Klarlack - seidenmatt,
Band, Kordel, kleine Dekoteile

Wie Sie sehen sind auf dieser Seite alle Delphinmotive ausgeschnitten. Die Spanschachtel wurde krakeliert, die untere Bordüre wurde aus dem Rand der Serviette geschnitten, das Boot gerissen. Die Kunststoffkugel wurde in umgekehrter Reihenfolge gearbeitet.

Die maritimen Motive erfreuen sich großer Beliebtheit, vielleicht gestalten Sie Ihren alten Ordner um, stellen einen Rahmen für Ihr Urlaubsfoto her oder verzieren eine Spandose, um kleine Gegenstände darin aufzubewahren.

Seehunde

Servietten:
Seehunde und Pinguine

Deko-Objekte:
Kerze,
Kunststofftablett,
Windlicht aus Glas,
Rahmen,
Tontopf,
Mobilefolie,
Styroporkugel - 12 cm,
Stein,, Metalldose

Farbe:
weiß, blau und Granitfarbe - grün

Kleber:
Mod Podge, Kerzenlack

Sonstiges:
Klarlack, Band

Bei dem Windlicht wurde keine Farbe benutzt, sondern nur Kleber, das Motiv ausgeschnitten. Die anderen Teile, die Sie auf dieser Seite sehen ,wurden in der üblichen Reihenfolge gearbeitet und lackiert. Die Tischkarten sind aus Mobilefolie. Die Styroporkugel wurde nicht grundiert, aber nach dem Aufkleben des Seehundes, mit Granitfarbe bestrichen.

Seehunde oder kleine Robben passen sich nicht nur gut dem Wasserleben an, sondern dürfen auch beim nächsten Fischessen als Dekoration nicht fehlen. Denn Fisch ist auch die Lieblingsspeise dieser Flossenfüssler.

Brigitte
Magret

Leopard

Servietten:
Leopardenmuster und Leopard

Deko-Objekte:
Spiegel mit Holzrahmen,
Schmuckdose aus Styropor,
Zeitschriftensammler

Farbe:
beige

Kleber:
Mod Podge

Sonstiges:
Klarlack, Bast und Federn

Der Spiegel und der Sammler wurden nicht gestrichen, sondern nur mit Servietten beklebt und lackiert. Die Styropordose ist auf der Oberseite mit beige abgetupft worden.

Einfach tierisch gut macht sich das Leopardenmotiv, ob im Jugendzimmer oder bei Wildkatzenliebhabern. Mit Naturmaterialien verbunden gefällt es jedem Tierfreund.

Sonnenblumen

Servietten:
Sonnenblumen

Deko-Objekte:
Schreibkladde, Tontopf, Bonbondose

Farbe:
beige und grün

Kleber:
Mod Podge

Alle Motive dieser Serie wurden gerissen und wie üblich verarbeitet.

Kürbisse

Servietten:
Kürbisse, groß und klein

Deko-Objekte:
Papptablett 8-eckig, 37 cm, Tontopf

Farbe:
beige und grün

Kleber: Patio Paint
Sonstiges: Klarlack

Für das Tablett benötigt man eine ganze Serviette. Der Rand wurde mit grün abgedeckt. Die Motive des Tontopfes wurden in einzelne Teile gerissen und gleichfalls mit grün abgetupft.

Weihnachten

Servietten:
verschiedene Weihnachtsmotive

Deko-Objekte:
Metallteller,
Tontopf,
Terrakottastern,
Glasflasche

Farbe:
hell- und dunkelbeige

Kleber:
Mod Podge, Klarlack

Die Motive auf Metallteller und Glasflasche wurden mit der Schere ausgeschnitten, die anderen gerissen. Alle Teile der Weihnachtsserie sind hellbeige grundiert und mit der Schwammtechnik dunkelbeige betupft.

Weihnachten ohne Servietten – kaum vorstellbar. Verzieren Sie die Flasche selbstgemachten Likörs weihnachtlich oder gestalten Sie den Übertopf Ihres Christsterns mit entsprechenden Motiven. Selbst alte Weihnachtsteller erhalten neuen Glanz.

Herzen

Servietten: Herzen

Deko-Objekte:
Runddosen - weiß,
Bilderrahmen - Graupappe,
Lesezeichen - Plakatkarton

Kleber: Mod Podge

Sonstiges: Klarlack,
Satinband und Holzherzchen

Auf dieser Seite haben wir auf die Farbe verzichtet und die Servietten nur mit Kleber aufgebügelt und lackiert. Das Lesezeichen wurde aus weißem Plakatkarton zugeschnitten.

Von Herz zu Herz - unter dieses Motto stellten wir die moderne Serie. Den Bilderrahmen für Ihr Lieblingsfoto, die Runddose als Stiftebehälter oder Geschenkverpackung. Alle Bücherfreunde freuen sich über ein „herziges“ Lesezeichen.